AF247832

CANTIQUES

A L'USAGE

des

RETRAITES.

NEVERS,

Impr. de Regnaudin-Lefebvre, place de la Cité, 2.

1846.

LA RETRAITE

Est un secours que Dieu vous envoie, parce qu'il vous aime.

Elle vous rappellera que vous avez un Dieu à servir, une âme à sauver, un enfer à éviter, un ciel à gagner.

Dieu veut y donner la paix à votre cœur agité; il veut vous pardonner surtout ces péchés dont le souvenir vous déchire.

Venez y recevoir cette paix et ce pardon.

Dieu vous demande d'assister aux Exercices de la Retraite, d'y apporter un cœur droit et sincère; dans sa miséricorde il fera le reste.

PRIÈRES DE St. FRANÇOIS-XAVIER,

Pour la Conversion des pécheurs pendant la Retraite.

O Dieu éternel! créateur de toutes choses, souvenez-vous que les âmes des pécheurs sont l'ouvrage de vos mains, et que c'est à votre ressemblance qu'elles ont été formées. Voilà, Seigneur, que tous les jours l'enfer s'en remplit à la honte de votre nom. Souvenez-vous que Jésus-Christ, votre Fils, a souffert pour leur salut une mort très-cruelle; ne permettez plus, je vous supplie, qu'il soit méprisé par ces enfants rebelles. Laissez-vous fléchir par les prières de vos fidèles et de l'Eglise, la très-sainte Epouse de votre Fils; souvenez-vous de votre miséricorde; oubliez, Seigneur, leur infidélité, et faites en sorte qu'ils reconnaissent aussi enfin pour leur Dieu et qu'ils servent fidèlement Notre-Seigneur Jésus-Christ que vous avez envoyé au monde et qui est notre vie, notre résurrection, par lequel nous avons été délivrés de l'enfer, et à qui soit la gloire durant les siècles des siècles. Ainsi soit il. *Pater noster.*

PRIÈRE A LA SAINTE-VIERGE.

O Vierge sainte, rompez les fers des pécheurs et éclairez-les dans leur aveuglement ; dissipez tous nos maux ; obtenez de votre divin Fils qu'il nous comble de tout bien véritable ; offrez-lui nos vœux et nos prières ; faites-nous les objets de votre tendresse, puisque c'est dans votre chaste sein que s'accomplit le mystère qui nous rendit parfaitement heureux.
Ainsi soit-il. *Ave Maria.*

PRATIQUES PARTICULIÈRES

Pour le temps d'une Retraite.

Assister fidèlement à tous les Exercices de la Retraite.

Y venir avec une grande pureté d'intention et le désir sincère d'en profiter.

Demander à chaque instant les grâces et les lumières du Saint Esprit.

Se mettre dans la disposition de faire une revue de conscience ; du reste, s'abandonner à son directeur et lui soumettre toute pensée d'inquiétude ou de découragement.

Se dire souvent à soi-même : Cette Retraite est une grande grâce, peut-être la dernière ; comment voudrais-je l'avoir faite à l'heure de la mort ?

Je ne connais rien, dit saint Ignace, je ne puis même concevoir rien de meilleur que les exercices d'une retraite, si l'on veut se sanctifier.

TOUT A LA PLUS GRANDE GLOIRE DE DIEU.

CANTIQUES

A L'USAGE

DES RETRAITES.

INVOCATION.

AVANT LES EXERCICES.

Au Saint-Esprit.

CHŒUR.

Esprit saint, descendez en nous,
Embrasez notre cœur de vos feux les plus doux.

Sans vous notre vaine prudence
Ne peut, hélas! que s'égarer;
Ah! dissipez notre ignorance;
Esprit d'intelligence, venez nous éclairer.
Esprit saint, etc.

Le noir enfer, pour nous livrer la guerre,
Se réunit au monde séducteur;
Tout est pour nous embûche sur la terre:
Soyez, soyez notre libérateur.
Esprit saint, etc.

Enseignez-nous la divine sagesse;
Seule elle peut nous conduire au bonheur;
Dans ses sentiers qu'heureuse est la jeunesse!
Qu'heureuse est la vieillesse!
Esprit saint, etc.

APRÈS LES EXERCICES.

Cantique d'actions de grâces.

Bénissons à jamais
Le Seigneur dans ses bienfaits.
Bénissez-le, saints Anges,
Louez sa majesté;
Rendez à sa bonté
Mille et mille louanges.
    Bénissons, etc.

Fut-il jamais un père
Qui de ses chers enfants,
Par des soins plus touchants,
Soulageât la misère?
    Bénissons, etc.

Pasteur tendre et fidèle,
Sans craindre le travail,
Il ramène au bercail
Une brebis rebelle.
    Bénissons, etc.

Par lui cesse la peine
Qui désolait mon cœur,
Et du monde vainqueur,
Je vois briser ma chaîne.
    Bénissons, etc.

Il console mon âme,
La nourrit de son pain;
A ce banquet divin
Il veut qu'elle s'enflamme.
    Bénissons, etc.

Sa bonté me supporte,
Sa lumière m'instruit,
Sa beauté me ravit,
Son amour me transporte.
  Bénissons, etc.

Oui, sa douceur m'entraîne,
Sa grâce me guérit,
Sa force m'affermit,
Sa charité m'enchaîne.
  Bénissons, etc.

Dieu seul est ma richesse,
Dieu seul est mon soutien,
Dieu seul est tout mon bien :
Je redirai sans cesse :
  Bénissons, etc.

____

A la Sainte-Vierge.

Je mets ma confiance
Vierge, en votre secours ;
Servez-moi de défense,
Prenez soin de mes jours ;
Et quand ma dernière heure
Viendra fixer mon sort,
Obtenez que je meure
De la plus sainte mort.

Sainte-Vierge Marie,
Asile des pécheurs,
Prenez part, je vous prie,
A mes justes frayeurs.
Vous êtes mon refuge ;
Votre Fils est mon roi :
Mais il sera mon juge ;
Intercédez pour moi.

Le Péché.

Hélas! quelle douleur
  Remplit mon cœur,
   Fait couler mes larmes!
Hélas! quelle douleur
  Remplit mon cœur
De crainte et d'horreur!
   Autrefois,
Seigneur, sans alarmes,
  De tes lois
Je goûtais les charmes;
Hélas! vœux superflus,
  Beaux jours perdus,
Vous ne serez plus.

La mort déjà me suit;
  O triste nuit,
  Déjà je succombe!
La mort déjà me suit;
  Le monde fuit;
Tout s'évanouit.
   Je la vois
Entr'ouvrant ma tombe,
  Et sa voix
M'appelle, et j'y tombe,
O mort, cruelle mort!
  Si jeune encor!....
Quel funeste sort!

Frémis, ingrat pécheur,
  Un Dieu vengeur,
D'un regard sévère.....
Frémis, ingrat pécheur,
  Un Dieu vengeur
Va sonder ton cœur.

Malheureux
Entends son tonnerre;
Si tu peux ,
Soutiens sa colère.
Frémis ; seul aujourd'hui,
Sans nul appui ,
Parais devant lui.

Grand Dieu! quel jour affreux
Luit à mes yeux !
Quel horrible abîme !
Grand Dieu ! quel jour affreux
Luit à mes yeux !
Quels lugubres feux !
Oui, l'enfer ,
Vengeur de mon crime ,
Est ouvert ,
Attend sa victime :
Grand Dieu ! quel avenir !
Pleurer, gémir,
Toujours te haïr !

Beau ciel , je t'ai perdu ,
Je t'ai vendu
Par de vains caprices.
Beau ciel , je t'ai perdu,
Je t'ai vendu ,
Regret superflu !
Loin de toi ,
Toutes tes délices
Sont pour moi
De nouveaux supplices.
Beau ciel , toi que j'aimais ,
Qui me charmais,
Ne te voir jamais !....

O vous, chrétiens pieux ,
Toujours heureux
Et pleins d'espérance
O vous , chrétiens pieux ,

Toujours heureux !
Moi seul malheureux !
J'ai voulu
Sortir de l'enfance ;
J'ai perdu
L'aimable innocence :
O vous, du ciel, un jour,
Heureuse cour !
Adieu, sans retour.

Non, non, c'est une erreur :
Dans mon malheur,
Hélas ! je m'oublie.
Non, non, c'est une erreur :
Dans mon malheur,
Je trouve un Sauveur.
Il m'entend,
Me réconcilie ;
Dans son sang
Je reprends la vie.
Non, non, je l'aime encor ;
Et le remords
A changé mon sort.

Jésus, manne des cieux,
Pain des heureux,
Mon cœur te réclame ;
Jésus, manne des cieux.
Pain des heureux,
Viens combler mes vœux.
Désormais
Ta divine flamme,
Pour jamais
Embrase mon ame :
Jésus, ô mon Sauveur,
Fais de mon cœur
L'éternel bonheur !

Le Pécheur et la Grâce.

DIEU.

Reviens, pécheur, à ton Dieu qui t'appelle,
Viens au plus tôt te ranger sous sa loi :
Tu n'as été déjà que trop rebelle :
Reviens à lui, puisqu'il revient à toi.

LE PÉCHEUR.

Voici, Seigneur, cette brebis errante
Que vous daignez chercher depuis long-temps:
Touché, confus d'une si longue attente,
Sans plus tarder, je reviens, je me rends.

DIEU.

Pour t'attirer, ma voix se fait entendre ;
Sans me lasser, partout je te poursuis :
D'un Dieu pour toi, du père le plus tendre,
J'ai les bontés, ingrat, et tu me fuis !

LE PÉCHEUR.

Errant, perdu, je cherchais un asile ;
Je m'efforçais de vivre sans effroi.
Hélas ! Seigneur, pouvais-je être tranquille,
Si loin de vous, et vous si loin de moi ?

DIEU.

Attraits, frayeurs, remords, secret langage,
Qu'ai-je oublié dans mon amour constant ?
Ai-je pour toi dû faire davantage,
Ai-je pour toi dû même en faire autant ?

LE PÉCHEUR.

Je me repens de ma faute passée,
Contre le ciel, contre vous j'ai péché;
Mais oubliez ma conduite insensée,
Et ne voyez en moi qu'un cœur touché.

DIEU.

Si je suis bon, faut-il que tu m'offenses,
Ton méchant cœur s'en prévaut chaque jour:
Plus de rigueur vaincrait les résistances;
Tu m'aimerais, si j'avais moins d'amour.

LE PÉCHEUR.

Que je redoute un juge, un Dieu sévère!
J'ai prodigué des biens qui sont sans prix;
Comment oser vous appeler mon père?
Comment oser me dire votre fils?

DIEU.

Marche au grand jour que t'offre ma lumière,
A sa faveur tu peux faire le bien;
La nuit bientôt finira ta carrière,
Funeste nuit où l'on ne peut plus rien.

LE PÉCHEUR.

Dieu de bonté, principe de tout être,
Unique objet digne de nous charmer,
Que j'ai long-temps vécu sans vous connaître!
Que j'ai long-temps vécu sans vous aimer!

DIEU.

Ta courte vie est un songe qui passe,
Et de ta mort le jour est incertain:
Si j'ai promis de te donner la grâce,
T'ai-je jamais promis le lendemain?

LE PÉCHEUR.

Votre bonté surpasse ma malice,
Pardonnez-moi ce long égarement;
Je le déteste, il fait tout mon supplice,
Et pour vous seul j'en pleure amèrement.

DIEU.

Le ciel doit-il te combler de délices
Dans le moment qui suivra ton trépas,
Ou bien l'enfer t'accabler de supplices?
C'est l'un des deux, et tu n'y penses pas.

LE PÉCHEUR.

Je ne vois rien que mon cœur ne défie,
Malheurs, tourments ou plaisirs les plus doux
Non, fallût-il cent fois perdre la vie,
Rien ne pourra me séparer de vous.

Bonheur de l'Innocence.

Heureux qui, dès son enfance,
Soumis aux lois du Seigneur,
N'a pas, avec l'innocence,
Perdu la paix de son cœur !

Chéri de celui qu'il adore,
Son bonheur le suit en tous lieux.
Que peut-il désirer encore,
Quand il se voit l'ami d'un Dieu ?
   Heureux, etc.

En vain la fortune couronne
Du pécheur les moindres désirs,

Le remords cruel empoisonne
Les plus vantés de ses plaisirs.
   Heureux, etc.

Qui se laisse prendre à tes charmes,
Trop séduisante volupté,
Paiera bientôt de ses larmes
Le plaisir qu'il aura goûté.
   Heureux, etc.

Le moment d'une folle ivresse
Fait place à celui des regrets ;
Ce bonheur qu'il poursuit sans cesse,
Le mondain ne l'aura jamais.
   Heureux, etc.

Seigneur, de ma tranquille vie
Rien ne saurait troubler le cours ;
La paix ne peut être ravie
A qui veut vous aimer toujours.
   Heureux, etc.

Le monde étale sa richesse,
Et ses biens ne m'ont point tenté ;
J'ai le trésor de la sagesse
Dans le sein de la pauvreté.
   Heureux, etc.

La croix où mon Jésus expire
Change mes peines en douceurs :
Si quelquefois mon cœur soupire,
C'est que je songe à ses douleurs.
   Heureux, etc.

L'espoir d'une gloire immortelle
Et d'un bonheur toujours nouveau,
Sème de fleurs, pour le fidèle,
Les bords si tristes du tombeau.
   Heureux, etc.

Mon Dieu, j'y descendrai sans crainte,
Espérant, des bras de la mort,
Voler vers ta demeure sainte,
En chantant dans un doux transport :

    Heureux qui, etc.

Avantages de la Ferveur.

Goûtez, ames ferventes,
Goûtez votre bonheur,
Mais demeurez constantes
Dans votre sainte ardeur.

Heureux le cœur fidèle
Où règne la ferveur !
On possède avec elle
Tous les dons du Seigneur.

Elle est le vrai partage
Et le sceau des élus ;
Elle est l'appui, le gage
Et l'âme des vertus.
    Heureux, etc.

Par elle la foi vive
S'allume dans les cœurs,
Et sa lumière active
Guide et règle nos mœurs.
    Heureux, etc.

Par elle l'espérance
Ranime ses soupirs,
Et croit jouir d'avance
Des célestes plaisirs.
    Heureux, etc.

Par elle dans les âmes
S'accroît, de jour en jour,
L'activité des flammes
Du pur et saint amour.

Heureux, etc.

C'est sa vertu puissante
Qui garantit nos sens
De l'amorce attrayante
Des plaisirs séduisants.

Heureux, etc.

C'est sous sa vigilance
Que l'esprit et le cœur
Conservent l'innocence
Et l'aimable pudeur.

Heureux, etc.

C'est elle qui de l'âme
Dévoile la grandeur,
Et le zèle s'enflamme
Par sa vive chaleur.

Heureux, etc.

De l'âme pénitente
Elle adoucit les pleurs,
Et de l'âme souffrante
Elle éteint les douleurs.

Heureux, etc.

Celui qui fut docile
A vivre sous ses lois,
Courut, d'un pas agile,
La route de la croix.

Heureux, etc.

Par elle du martyre
Les sanglantes rigueurs,

Au cœur qui le désire,
N'offrent que des douceurs.

   Heureux , etc.

Elle est, pour qui seconde
Ses généreux efforts ,
Une source féconde
De célestes trésors.

   Heureux , etc.

Une larme sincère,
Un seul soupir du cœur,
Par elle a de quoi plaire
Aux yeux purs du Seigneur.

   Heureux , etc.

C'est elle qui prépare
Tous ces traits de beauté
Dont la main de Dieu pare
Les Saints dans sa clarté.

   Heureux , etc.

Sous ses heureux auspices ,
On goûte les bienfaits,
Les charmes, les délices
De la plus douce paix.

   Heureux , etc.

Mais sans sa vive flamme,
Tout déplaît , tout languit,
Et la beauté de l'âme
Se fane et dépérit.

   Heureux , etc.

Contre le Respect humain.

CHOEUR.

Bravons les enfers,
Brisons tous nos fers,
Sortons de l'esclavage;
Unissons nos voix,
Rendons à la Croix
Un sincère et public hommage.

Jurons haine au respect humain,
Brisons cette idole fragile ;
Sur ses débris, que notre main
Elève un trône à l'Evangile.

Quoi ! vous rougissez, vils mortels,
Honteux d'être vus dans un temple,
D'adorer au pied des autels
Le grand Dieu que le ciel contemple !

Ne profanez point ce saint lieu,
Allez, hommes pusillanimes;
Qui tremble, trahira son Dieu :
La faiblesse est mère des crimes.

Chrétiens, d'une vaine terreur
Serons-nous toujours la victime ?
Qu'il soit banni de notre cœur
Le cruel tyran qui l'opprime.

Tout chrétien doit être un soldat
Rempli d'ardeur, né pour la gloire ;
Quand un Dieu nous mène au combat,
Tremblants, fuirons-nous la victoire ?

Tandis que sur le champ d'honneur,
La valeur signale les braves,
Nous verra-t-on lâches et sans cœur
Traînant les chaînes des esclaves?

Seigneur, ton camp sera le mien
Tant qu'il coulera dans mes veines
Quelques gouttes du sang chrétien :
Mondains, vos menaces sont vaines.

Divin Roi, jusqu'à mon trépas
Mon cœur te restera fidèle ;
Puisse la croix, guidant mes pas,
Me voir tomber, mourir près d'elle !

Protestation de Fidélité.

Quelle nouvelle et sainte ardeur
En ce jour transporte mon âme?
Je sens que l'esprit créateur
De son feu tout divin m'enflamme :
  C'en est donc fait, je ne crains rien :
  L'esprit de force est mon soutien.

Il faut dans un noble combat,
Pour vous, Seigneur, que je m'engage ;
Vous m'avez fait votre soldat,
Vous m'en donnerez le courage.
  C'en est donc fait, etc.

Du salut le signe sacré
Arme mon front pour ma défense ;
Devant lui, l'enfer conjuré
Perdra sa funeste puissance.
  C'en est donc fait, etc.

Seigneur, à vos aimables lois
Le grand nombre serait rebelle,
Que mon cœur, constant dans son choix,
Y serait encore plus fidèle.

    C'en est donc fait, etc.

Le mépris d'un monde insensé
Pourrait-il m'alarmer encore?
Loin de m'en trouver offensé,
Je sens aujourd'hui qu'il m'honore.

    C'en est donc fait, etc.

Dans sa fureur, l'impiété
Veut me ravir le bien que j'aime;
Je veux, fort de la vérité,
Lui dire toujours anathême.

    C'en est donc fait, etc.

On a vu de faibles agneaux,
Triompher de l'aveugle rage
Et des tyrans et des bourreaux:
Faible comme eux, Dieu m'encourage

    C'en est donc fait, etc.

Enfant des généreux martyrs,
Puissé-je égaler leur constance,
Et trouver mes plus doux plaisirs
Au sein même de la souffrance!

    C'en est donc fait, etc.

A la mort fallût-il s'offrir,
Ou perdre, hélas! mon innocence,
Grand Dieu! je consens à mourir:
Ne souffrez pas que je balance.

    C'en est donc fait, etc.

———

Le saint nom de Jésus.

Vive Jésus !
C'est le cri de mon ame ;
Vive Jésus, le Maître des vertus !
Aimable nom, quand ma voix te proclame,
D'un nouveau feu pour toi mon cœur s'enflamme :
Vive Jésus !

Vive Jésus !
C'est le cri qui rallie
Sous ses drapeaux le peuple des élus.
Suivre Jésus, c'est aussi mon envie ;
Suivre Jésus, c'est mon bien, c'est ma vie :
Vive Jésus !

Vive Jésus !
C'est un cri d'espérance
Pour les pécheurs repentants et confus ;
Sur eux du Ciel attirant la clémence,
Ce nom sacré soutient leur pénitence :
Vive Jésus !

Vive Jésus !
A ce cri de vaillance,
Je verrai fuir les démons éperdus.
Ce mot suffit pour dompter leur puissance ,
Pour terrasser leur superbe insolence :
Vive Jésus !

Vive Jésus !
Cri de reconnaissance
D'un cœur touché des biens qu'il a reçus.
L'enfer veut-il troubler sa confiance,
Il dit encore avec plus d'assurance :
Vive Jésus !

Vive Jésus !
C'est mon cri d'allégresse,
O Dieu caché sous un pain qui n'est plus ;
Quand, aux douceurs d'une céleste ivresse ,
Je reconnais l'objet de ma tendresse :
Vive Jésus !

Vive Jésus !
C'est le cri de victoire
Qui retentit au séjour des élus.
De leurs combats consacrant la mémoire ,
Ce nom puissant éternise leur gloire :
Vive Jésus !

Vive Jésus !
Vive sa tendre Mère !
Elle est aussi la mère des élus.
Si nous l'aimons, si nous voulons lui plaire,
Chantons Jésus, notre Dieu, notre frère :
Vive Jésus !

Vive Jésus !
Qu'en tout lieu la victoire
Mette à ses pieds les méchants confondus !
O nom sacré, nom cher à ma mémoire,
Puissé-je vivre et mourir pour ta gloire!
Vive Jésus !

Communion.

L'encens divin embaume cet asile ;
Quels doux concerts ! quels chants mélodieux !
Mon cœur se tait, mon esprit est tranquille :
La paix du ciel habite dans ces lieux.

Chœur. O pain de vie !
  O mon Sauveur !
  L'âme ravie
Trouve en vous son bonheur.

Pour embellir le temple de mon âme,
Le Très-Haut daigne y fixer son séjour :
Je le possède, il m'inspire, il m'enflamme ;
Je l'ai trouvé, je l'aime sans retour.

O Dieu d'amour ! ô majesté suprême !
Je vous contemple à l'ombre de la foi,
Je vous adore au dedans de moi-même ;
Je ne vis plus, mais vous vivez en moi.

Que vous rendrai-je, ô Sauveur plein de charmes,
Pour tous les dons que j'ai reçus de vous ?
Prenez ce cœur et recueillez ces larmes,
Double tribut dont vous êtes jaloux.

Tant qu'à la nuit une aurore nouvelle
Succédera pour ramener le jour,
Je l'ai juré, je vous serai fidèle :
Plutôt mourir qu'abjurer mon amour.

Oui, que ma langue immobile et glacée,
Au même instant s'attache à mon palais,
Si, dans mon cœur, s'efface la pensée
De mes serments comme de vos bienfaits.

AUTRE.

Qu'ils sont aimés, grand Dieu, les tabernacles!
Qu'ils sont aimés et chéris de mon cœur!
Là, tu te plais à rendre tes oracles;
La foi triomphe, et l'amour est vainqueur.

Qu'il est heureux celui qui te contemple,
Et qui soupire au pied de tes autels!
Un seul moment qu'on passe dans ton temple,
Vaut mieux qu'un siècle au palais des mortels.

Je nage au sein des plus pures délices;
Le ciel entier, le ciel est dans mon cœur.
Dieu de bonté, de faibles sacrifices
Méritaient-ils cet excès de bonheur?

En les comblant, par un charme suprême,
Un Dieu puissant irrite mes désirs:
Il me consume, et je sens que je l'aime;
Et cependant je m'exhale en soupirs.

Autour de moi les anges en silence,
D'un Dieu caché contemplent la splendeur,
Anéantis en sa sainte présence,
O Chérubins, enviez mon bonheur!

Et je pourrais à ce monde qui passe
Donner un cœur par Dieu même habité?
Non, non, mon Dieu; je puis tout par ta grâce
Dieu, sauve-moi de ma fragilité.

En souverain règne, commande, immole,
Règne surtout par le droit de l'amour.
Adieu, plaisir; adieu, monde frivole:
A Jésus seul j'appartiens sans retour.

AUTRE.

Tu vas remplir le vœu de ma tendresse,
Divin Jésus, tu vas me rendre heureux :
O saint amour! délicieuses ivresses !
Dans ce moment mon âme est tout en feux.

Chœur.   Mon cœur s'enflamme ;
              Ne tarde plus :
              Viens dans mon âme,
              O mon divin Jésus ! (*)

Ne tarde plus, mon adorable père,
Ne tarde plus à venir dans mon cœur ;
Rien sans Jésus ne peut le satisfaire :
Tout autre objet est pour lui sans douceur.

Divin époux, ah! descends dans mon âme ;
Fais de ce jour le plus beau de mes jours.
Que tout en moi se ranime et m'enflamme :
Divin époux, je t'aimerai toujours.

De tes attraits qui pourrait se défendre,
O Dieu charmant, le meilleur des amis?
De toi je veux désormais tout attendre,
Me rappelant ce que tu m'as promis.

Il est à moi, ce Dieu si plein de charmes,
Mon bien-aimé, mon aimable sauveur;
Echappez-vous de mes yeux, douces larmes,
Coulez, coulez, annoncez mon bonheur.

(*) *Pour une première Communion, on chante le Chœur suivant :*

O saints transports ! ô divine allégresse !
Déjà mes yeux ont vu le Roi des rois!
Il vient à moi, le Dieu de ma jeunesse,
Et me nourrit pour la première fois.

A la Bénédiction.

Courbons nos fronts respectueux,
Sous ces voiles mystérieux;
L'amour cache le roi des cieux.
Unissons nos pieux cantiques
Aux accents des cœurs angéliques.

Chœur.   Oui, Jésus, nous le jurons tous,
Nous n'aimerons jamais que vous.

Auteur de tous les dons parfaits,
Faites-nous donc boire à longs traits
Dans la coupe de vos bienfaits;
Jésus, votre cœur vous en presse,
Laissez agir votre tendresse.

Tendre Jésus, de vos enfants
Ecoutez les humbles accents;
Bénissez-les; reconnaissants,
Ils vous loueront tous dès l'aurore,
Le soir ils vous loueront encore.

AUTRE.

Mon doux Jésus, enfin voici le temps
De pardonner à nos cœurs pénitents;
Nous n'offenserons jamais plus
Votre bonté suprême,
O doux Jésus!

Puisqu'un pécheur vous a coûté si cher,
Faites-lui grâce, il ne veut plus pécher.

Ah ! ne perdez pas cette fois
La conquête admirable
De votre croix.

Enfin, mon Dieu, nous sommes à genoux,
Pour vous prier de pardonner à tous ;
Pardonnez-nous, ô Dieu clément !
Lavez-nous de nos crimes
Dans votre sang.

Consécration à la Sainte-Vierge.

Sion, de ta mélodie,
Cesse les divins accords ;
Laisse-nous près de Marie,
Faire éclater nos transports.
La reine que tu révères,
Le digne objet de tes chants,
Apprends qu'elle est notre mère,
Et fais place à ses enfants.

Mais comment de cette enceinte
Percer les voûtes des cieux !
Descends plutôt, Vierge sainte,
Et viens régner en ces lieux ;
Viens d'un exil trop sévère
Adoucir les longs tourments :
Ta présence, auguste mère,
Sera chère à tes enfants.

Pour toi nous sentons nos âmes
Brûler, en ce divin jour,
Des plus innocentes flammes,
Du plus généreux amour.

Ah ! puissions-nous à te plaire
Consacrer tous nos instants,
Et prouver à notre mère
Que nous sommes ses enfants !

Sur tes autels, ô Marie !
Tous, d'une commune voix,
Nous jurons toute la vie
D'être soumis à tes lois.
De notre hommage sincère
Puissent ces faibles garants
Flatter notre tendre mère !
C'est le vœu de ses enfants.

Chant de Reconnaissance.

Chantons, en ce jour,
Jésus et sa tendresse extrème ;
Chantons en ce jour,
Et ses bienfaits et son amour.
Il a daigné lui-même
Descendre dans nos cœurs :
De ce bonheur suprême
Célébrons les douceurs.

O Dieu de grandeur,
Plein de respect, je vous révère ;
O Dieu de grandeur,
J'adore dans vous mon Seigneur.
Si ce profond mystère
Vient éprouver ma foi,
C'est l'amour qui m'éclaire,
Et vous découvre en moi.

Mon divin Epoux,
Mon âme à vous seul s'abandonne,

Mon divin Epoux ,
Mon âme n'a d'espoir qu'en vous.
Que l'enfer gronde et tonne ,
Qu'il s'arme de fureur,
Il n'a rien qui.m'étonne ,
Jésus est dans mon cœur.

Aimons le Seigneur,
Ne cherchons jamais qu'à lui plaire ;
Aimons le Seigneur,
Il fera seul notre bonheur.
Ami le plus sincère ,
Généreux bienfaiteur ;
Il est plus , il est père :
Donnons-lui notre cœur.

Pour tous vos bienfaits,
Que vous offrir, ô divin Maître ?
Pour tous vos bienfaits, .
Je me donne à vous pour jamais.
En moi je sentis naître
Les transports les plus doux ,
Quand je pus vous connaître
Et m'attacher à vous.

O Dieu tout-puissant !
Par votre aimable providence ,
O Dieu tout-puissant !
Conservez mon cœur innocent.
Dès ma plus tendre enfance ,
Vous guidâtes mes pas ;
Sauvez mon innocence ,
Couronnez mes combats.

PRIÈRE
pour gagner l'Indulgence plénière de la Retraite.

Malgré mon indignité que je puis ignorer, Seigneur, m'appuyant sur votre charité immense et me conformant aux intentions du Père commun des fidèles, j'ose vous offrir mes humbles prières, et vous supplier par Jésus-Christ, votre Fils, Père très-miséricordieux, de protéger singulièrement et d'exalter votre sainte Eglise Catholique, de la défendre contre ses ennemis visibles et invisibles, et de réunir tous les princes et les peuples chrétiens par les liens de la paix et de la charité.

Regardez en pitié, ô mon Dieu, tant de peuples qui n'ont pas encore reçu la précieuse lumièrede votre Evangile ou qui se sont séparés de l'Eglise Romaine par le schisme ou par l'hérésie. Arrêtez tous les efforts criminels des hérétique counus ou cachés; confondez-les par la vertu toute-puissante de votre bras, ou plutôt convertissez-les par la douceur efficace de votre grâce. Inspirez toujours au souverain Pontife, à notre Evêque, aux pasteurs des âmes et à tous les ouvriers évangéliques, un zèle ardent pour votre gloire, une charité tendre pour les brebis que vous leur avez confiées, la science, la sagesse, la sainteté nécessaires pour éclairer et pour édifier tous les peuples. Daignez regarder favorablement ce royaume que vous avez toujours protégé visiblement, détournez-en les fléaux de votre colère, conservez-y la foi et la religion dans toute sa pureté. Accordez-nous à nous-mêmes, ô Fils unique du Père éternel! en vue de vos mérites infinis et de votre bonté sans bornes, l'indulgence et la rémission de tous nos péchés. Ainsi soit-il.

FIN.

www.ingramcontent.com/pod-product-compliance
Lightning Source LLC
Chambersburg PA
CBHW061143050726
47594CB00005B/2296